Bibliografische Information der Deutschen Nationalbibliothek:

Die Deutsche Bibliothek verzeichnet diese Publikation in der Deutschen National-
bibliografie; detaillierte bibliografische Daten sind im Internet über http://dnb.d-
nb.de/ abrufbar.

Impressum:

Copyright © 2018 GRIN Verlag
Druck und Bindung: Books on Demand GmbH, Norderstedt Germany
ISBN: 9783346020505

Dieses Buch bei GRIN:

https://www.grin.com/document/498737

Phil Brocks

Krafttrainingsgestaltung bei Hyperkyphose. Beispiel eines 20-jährigen Athleten

GRIN Verlag

GRIN - Your knowledge has value

Der GRIN Verlag publiziert seit 1998 wissenschaftliche Arbeiten von Studenten, Hochschullehrern und anderen Akademikern als eBook und gedrucktes Buch. Die Verlagswebsite www.grin.com ist die ideale Plattform zur Veröffentlichung von Hausarbeiten, Abschlussarbeiten, wissenschaftlichen Aufsätzen, Dissertationen und Fachbüchern.

Besuchen Sie uns im Internet:

http://www.grin.com/

http://www.facebook.com/grincom

http://www.twitter.com/grin_com

Hausarbeit Trainingswissenschaft IV Trainingsplanung und Trainingsperiodisierung:

Name: Phil Brocks

Inhaltsverzeichnis:

1. Aufbau

Meine Trainingsplanung eines Mesozykluses bezieht sich auf das Kraft- und Hypertrophietraining.Unser Athlet ist ein 20 Jahre alter Mann, dessen Problem es ist, dass er einen leichten, funktionell bedingten Rundrücken besitzt. Diesen hat er, weil er seit gut einem Jahr mit weitestgehend falschen Techniken trainiert (zum Beispiel Bankdrücken und Rudern) und falsche Haltungen in seinem Bürojob einnimmt. Unser Ziel ist es, mit dem Mesozyklus von 6 Wochen, die muskulären Dysbalancen, auf die im Verlaufe dieser Studienarbeit vermehrt eingegangen wird, etwas auszugleichen beziehungsweise die Haltung im Sinne der Gesundheit zu verbessern. Die Zielgruppe dieses Trainingsplans sind alle Menschen mit ähnlichen muskulären Dysbalancen. Des Weiteren sei noch hinzugefügt, dass der 20-jährige mit dem Ziel des Muskelaufbaus zum Sport ging, und nicht um primär stärker zu werden (Hypertrophie vordergründig, Maximalkraft sekundär).

2. Einleitung/ Theoretischer Hintergrund:

Grundsätzlich versteht man unter einem Rundrücken eine zu starke Krümmung der Brustwirbelsäule (Hyperkyphose). Man unterscheidet dabei zwischen einer fixierten Form der Hyperkyphose (zum Beispiel angeborene Fehlbildungen einzelner Wirbelkörper), auf welche jedoch nicht weiter eingegangen wird, und der funktionell bedingten Hyperkyphose. Ursächlich für den funktionell bedingten Rundrücken (wie in unserem Fall) sind beispielsweise muskuläre Ungleichgewichte, häufige Fehlhaltungen und Fehlbelastungen. Dies sind die häufigsten Ursachen. Allerdings kann ein im Laufe des Lebens erworbener Rundrücken auch noch andere Gründe wie degenerative Veränderungen der Wirbelsäule (zum Beispiel Osteoporose), Verletzungen der Wirbelsäule (zum Beispiel ein Wirbelbruch), Tumore oder entzündliche Erkrankungen haben.

Die daraus resultierenden Folgen/Symptome können Rücken- und Kopfschmerzen, allgemeine Bewegungseinschränkungen, Muskelverspannungen, entzündliche Reaktionen (zum Beispiel das Impingement-Syndrom) oder Folgen für innere Organe bei stark ausgeprägtem Rundrücken (Herz, Lunge) sein. Häufig klagen Patienten auch über Schlafstörungen oder Depressionen (womöglich wegen optischen Aspekten).

Um aus den sechs Wochen das Bestmögliche rauszuholen, empfiehlt es sich, die muskulären Dysbalancen anatomisch zu betrachten. Der Mann hat den Rücken mit falschen Techniken (zum Beispiel beim Rudern die Schulterblätter nicht nach hinten gezogen und den Bizeps zu viel involviert) und/oder zu wenig belastet. Im Vergleich dazu hat er viel Bankdrücken mit falscher Technik ausgeführt(Schulterblätter nicht konstant statisch hinten gelassen und vermehrt aus vorderem Schulteranteil und Trizeps gedrückt). Bei seinem Bürojob nahm er täglich falsche, gekrümmte Haltungen ein, sodass sich das Gewebe auch dementsprechend verschloss.

Die Folge daraus sind die muskulären Dysbalancen allgemein zwischen Vorder- und Rückseite des Körpers. Der Serratus Anterior, der vordere Schulteranteil (Pars clavicularis) und eventuell auch der Brustmuskel (Pectoralis Major/Minor) sind zu stark ausgeprägt. Eventuell nur, da dies in unserem Fall nicht so ist, es aber grundsätzlich möglich sein kann, dass die Brustmuskulatur deutlich stärker, als die Rückenmuskulatur ist. Da Bankdrücken in unserem Fall jedoch falsch ausgeführt wurde, ist die Brustmuskulatur nicht der ausschlaggebende Faktor für die Dysbalance, sonderen die anderen genannten Muskelpartien.

Der Trapezius (vor allem der untere und mittlere Anteil, Pars Ascendens und Pars Transversus), die Rhomboiden (Major/Minor), der hintere Schulteranteil (Pars Spinalis) und der Rückenstrecker (vor allem der obere Anteil, Erector Spinae) sind vergleichsweise zu schwach. Insbesondere diese Muskulatur gilt es zu stärken. Jedoch wird der Athlet nicht ausschließlich Hypertrophietraining absolvieren, denn das häufige Sitzen in einer gekrümmten Haltung in seinem Alltag führt dazu, dass sich eben auch dieses Gewebe in den häufig eingenommenen Positionen verschließt und die Faszien verspannen.

Zusammenfassend verschließen/verspannen sich vor allem der Trapezius, die Rhomboiden- und die hintere Schultermuskulatur lang (gedehnte Position), während die Brustmuskulatur, der vordere Schultermuskulaturanteil aber auch die Bauchmuskulatur kurz verspannen (verkürzte Postion) und damit einen höheren Ruhetonus aufweisen. Es gilt also neben dem Krafttraining, das ganze System (Brustwirbelsäule, Schultergelenk..) zu mobilisieren beziehungsweise die faszial-muskuläre Spannung zu normalisieren. Die neu gewonnene Spannung/Beweglichkeit muss allerdings auch in den Alltag integriert werden,sodass diese auch ins Zentrale Nervensystem "eingeschrieben" werden kann.

3. Maßnahmen vor Umsetzung des Trainingsplans

Grundsätzlich sollten einem Sportler, der bedingt durch sein Krafttraining und seiner oft falschen Haltung einen funktionellen Rundrücken entwickelte, die richtige Technik bei seinem Krafttraining als auch die richtige Körperhaltung nahe gebracht werden. Bei beidem geht es vor allem um das angemessene Zurückziehen der Schulterblätter. Bei unserem Sportler gilt dies beim Krafttraining insbesondere beim Bankdrücken als auch beim Rudern. Denn die Ausführung der Übungen ist sowohl bei unserem Probanden als auch bei einer Mehrzahl von Bodybuildern ursächlich. Die richtigen Techniken im Bodybuilding sind elementar und falsche Techniken und/oder einseitiges Training fühen zu derartigen muskulären Dysbalancen. Dies kann beispielsweise anhand der Studie "Bodybuilding links to Upper Crossed Syndrome" von Hasan Daneshmandi und Kollegen (2017) aufgezeigt werden. Dort wurden 60 regelmäßig trainierende Männer mit 30 untrainierten Männern bezüglich der Kyphosis anhand Fotos mittels einer AutoCAD Software verglichen. Der T-Test für unabhängige Stichproben ergab signifikante Unterschiede zwischen Trainierenden und den Leuten, die nicht regelmäßig ihre Muskulatur trainieren. Deshalb ist die korrekte Technikausführung und ausgeglichenes Training der muskulären Antagonisten auch, beziehungsweise gerade aus Sicht der Prävention unabdingbar.

Von jeder der später ausgeführten Übungen gilt es vor Trainingsbeginn das 12-Wiederholungsmaximum zu bestimmen. Damit haben wir eine adäquate Intensität, um Hypertrophie zu erzeugen und gehen , wie beispielsweise im Vergleich zur der Bestimmung des Einwiederholungsmaximum, ein kleineres Verletzungsrisiko ein. Des Weiteren bestimmen wir das 15-Mehrwiederholungsmaximum, da wir dieses beim ersten Mikrozyklus, wo es vorrangig um das Neuerlernen der Grundübungen des Bodybuildings geht, benötigen. Allerdings muss man anmerken, dass das Einwiederholungsmaximum etwas genauer zu sein scheint (als diese beiden). Jedoch wäre das Einwiederholungsmaximum bestimmen zu lassen, mit einem Anfänger, der schon langfristig mit falschen Übungsausführungen trainiert, grob fahrlässig.

Des Weiteren gilt es dem Athleten einige Ernährungsgrundsätze des Krafttraining nochmal nahe zu bringen. Wir sollten gemeinsam den ungefähren Gesamtenergieumsatz eines Tages berechnen. Dann sollte er wissen, dass ein (zumindest geringfügiger) Kalorienüberschuss (200-300 kcal) für den Muskelaufbau von Vorteil ist. Ein zu großer

Kalorienüberschuss führt auch zu erhöhten Fetteinlagerungen. Der Sportler, sollte sich bewusst sein, dass er ungefähr 1,5 bis 2g Protein pro Kilogramm Körpergewicht am Tag zu sich führen sollte, denn es nimmt eine besonders wichtige Rolle bei dem Muskelaufbau, der Regeneration, und der Nährstoffversorgung ein. Durch Krafttraining ist der Bedarf an Proteinen erhöht. Nur über eine ausreichende Proteinezufuhr über die Ernährung, kann der Sportler effektiv und langfristig Muskelmasse aufbauen. Seine Muskeln brauchen Proteine in Form von Aminosäuren für die Reparatur von Muskelfasern und zum Aufbau neuer Muskelzellen. Ein gesunder Misch aus tierischem und pflanzlichem Eiweiß, sowie Protein mit einer hohen Biologischen Wertigkeit scheinen aus gesundheitlicher Sicht das Optimum darzustellen.

Des Weiteren ist der Sportler aufgrund des frequenten Trainings auf eine ausreichende Kohlenhydratzufuhr angewiesen. Sein täglicher Gesamtenergiebedarf steigt durch das Krafttraining an. Der erhöhte Kalorienbedarf, als auch die Tatsache, dass die ATP-Resynthese auch über Prozesse der Glykolyse vonstatten gehen, lassen den ausreichenden Konsum von Kohlenhydraten und damit zumindest weitestgehend gefüllte Glykogenspeicher als vorteilhaft erscheinen, wenn es darum geht in dem sechswöchigen Mesozyklus möglichst viel Rückenmuskulatur aufzubauen. Grundsätzlich ist der Körper zwar auch in der Lage selber Kohlenhydrate herzustellen, aber bei intensiver körperlicher Betätigung helfen sie dennoch. Essentiell sind Kohlenhydrate also trotzdem nicht (z.B. ketogene Ernährungsweise).

In Bezug auf die Fette sei erwähnt, dass vor allem die (mehrfach) ungesättigten Fette sehr wichtig für die Leistungsfähigkeit des Organismus sind. Der Konsum von Fetten nimmt beispielsweise eine wichtige Rolle bei der Steuerung des Testosteronhaushalts ein und damit auch für die Ausschüttung von Wachstumshormonen für den Muskelaufbau. Ein gesundes Maß an Fetten sind ungefähr 0.7 bis 1 Gramm pro Kilogramm Körpergewicht am Tag.

Weitere Regenerations-/Beeinflussungsfaktoren die dem Sportler nahe gebracht werden sollen sind zum einen der ausreichende Schlaf (zumindest sieben Stunden Schlaf) und ein eingeschränkter oder gar kein Alkoholkonsum.

4. Aktuelle Studienlage:

Die Studien auf die gleich eingegangen wird, werden sich im Wesentlichen mit zwei Kategorien befassen: Zum einen mit der Effektivität meiner Interventionen (zum Beispiel passende wöchentliche Frequenz, Volumen, Proteinsynthese..) und zum Anderen mit Spezifischen "Upper-Cross" Studien (z.B. die Effektivität von Stretch- und Krafttrainingsmaßnahmen bei Rundrückenproblematik).

Eine der wichtigsten Studien, auf welche ich mich beziehen werde ist "Effects of different volume-equated resistance training loading strategies on muscular adaptions in well-trained men." von Schoenfeld BJ et al., da in dieser Studie nachgewiesen werden konnte, dass für den Muskelaufbau das Trainingsvolumen (Wiederholungen mal bewegte Last mal die Satzanzahl) der wichtigste Faktor zu sein scheint. Grundsätzlich hat man in dieser Studie ein Dreisatztraining mit zehn Wiederholungen gegen ein Training mit sieben Sätzen mit jeweils drei Wiederholungen bei gleichem Volumen antreten lassen. Man hat also typisches Bodybuildingtraining gegen ein Powerliftingtraining verglichen. Das heißt die eine Gruppe hat wesentlich näher am Einwiederholungsmaximum (One-Repetition-Maximum; 1-RM) trainiert als die andere Gruppe. Das Ergebnis war, dass ein gleicher beziehungsweise sehr ähnlicher Muskelwachstum resultierte, allerdings muss beachtet werden, dass die Gruppe, die drei Sätze à zehn Wiederholungen absolvierte, wesentlich zeiteffizienter agierte. Des Weiteren sollte bei der Interpretation der Studie beachtet werden, dass das Gewicht für Hypertrophietraining bei der "Volumenanhäufung" schwer genug sein muss (ca. 50-60% des 1-RM). Powerlifting-Training scheint jedoch überlegen zu sein, wenn es darum geht möglichst stark zu werden beziehungsweise um ein schwereres Einwiederholungsmaximum bewegen zu können. In dem Trainingsplan wird der Athlet dennoch nicht zu nah am Einwiederholungsmaximum trainieren, da es unser vorrangiges Ziel ist, in dem Trainingszyklus möglichst viel Muskulatur aufzubauen und dies möglichst zeiteffizient. Deshalb wollen wir möglichst viel Trainingsvolumen (Gewicht mal Wiederholungen mal Satzanzahl) anhäufen. Unser primäres Ziel ist es nämlich nicht, den Athleten in dem Mesozyklus stärker zu machen (höheres 1-RM). Auch wenn der

Sportler sekundär natürlich stärker werden soll, um in späteren Trainingszyklen mehr Volumen anhäufen zu können. Maximalkrafttraining findet sich, auch unter Berücksichtigung der vorherigen technischen Defizite des Sportlers, in dem Trainingsplan daher nicht wieder.

Ein Studie, die belegt, dass die Trainingsfrequenz für Kraft- als auch für die aus dem Training resultierende Muskelmasse von hoher Bedeutung sein könnte, ist die norwegische Studie von Raastad et al. (2012) "Powerlifters improved strength and muscular adaptions to a greater extent when equal total training volume was divided into 6 compared to 3 training sessions per week".

16 Wettkampf-Powerlifter zwischen 18 und 25 Jahren, die zwischen 125 und 205 Kilogramm Kniebeugen, zwischen 85 und 165 Bankdrücken und zwischen 155 und 245 Kilogramm Kreuzheben ausführen können, stellten die Stichprobe dar. Es handelte sich dabei um drei Frauen und 13 Männer. Das bedeutet, dass dies eine Studie mit fortgeschrittenen Athleten ist. Die zwei Gruppierungen trainierten 15 Wochen lang mit gleiche Trainingsintensität, Volumen und Übungen. Das Einzige, was sich unterschied, war die Trainingsfrequenz (die eine Gruppe trainierte drei Mal wöchentlich und die andere sechs Mal in der Woche). Die eine Gruppe musste also doppelt so viele Sätze in jeder Trainingseinheit machen, als jene, die sechs Tage pro Woche trainierte.

Die Leistung in der Kniebeuge stieg um 11±6% in der 6x/Woche-Gruppe (ggü. 5±3% in der 3x/Woche-Gruppe) und jene im Bankdrücken um 11±4% in der 6x/Woche-Gruppe (gegenüber 6±3% in der 3x/Woche-Gruppe). Allerdings gab es dazu keine signifikanten Unterschiede in der Steigerung beim Kreuzheben zwischen den beiden Gruppen (9±6% gegenüber 4±6%). Beide Gruppen verzeichneten jedoch auch im Kreuzheben einen Kraftgewinn beziehungsweise wurden stärker. Insgesamt betrug die Steigerung in allen drei Übungen bei der Gruppe, die drei Mal wöchentlich trainierte um fünf Prozent, während die Gruppe mit einer Trainingsfrequenz von sechs Mal wöchentlich eine durchschnittliche Steigerung von zehn Prozent verzeichnen konnte.

Zusätzlich zur Steigerung des Einwiederholungsmaximums in den drei Übungen, wurden noch die Veränderungen des Muskelquerschnitts im Vastus Lateralis und im (restlichen) Quadrizeps gemessen. Während es in der sechs Mal pro Woche trainierenden Gruppe zu einer Muskelquerschnittsvergrößerung von durchschnittlich zehn Prozent im Vastus lateralis und annährend fünf Prozent im (restlichen) Quadrizeps. Die andere Gruppe konnte keine erwähnenswerte Vergrößerung des Muskelquerschnitts in Bezug auf die Oberschenkelmuskulatur erzielen. Auch diese Studie spricht also dementsprechend dafür, dass wir öfter als ein Mal pro Woche die Rückenmuskulatur trainieren. Allerdings trainieren Powerlifter im Allgemeinen mit einem niedrigeren Volumen als Bodybuilder, weshalb sich diese Untersuchung nicht eins zu eins auf unseren Trainingszyklus übertragen lässt.

Da unser Athlet muskuläre Defizite im Bereich der Rückenmuskulatur aufweist, wird der Rücken im Verlauf des Trainingszykluses wöchentlich öfter trainiert als die anderen Muskelgruppen (höhere Trainingsfrequenz). Ein Grund dafür ist, dass mehr effektives Trainingsvolumen angehäuft werden kann und dieses aus Sicht der Wissenschaft als wichtigster Faktor für Hypertrophie angesehen wird. Würde man beispielsweise zehn Sätzen Rudern in einer Trainingseinheit absolvieren, so würde man deutlich weniger Trainingslast überwinden, als wenn man zwei Mal die Woche rudert mit jeweils fünf Sätzen. Mit einer höheren Frequenz kann man also das Volumen in die Höhe treiben, da man erholter ins Training geht als nach wahnsinnig vielen Sätzen in einer Einheit, wo sich die Ermüdung einer Muskelgruppe ab einem bestimmten Satz rapide erhöht und man ohnehin nicht mehr viel Gewicht bewegen kann.

Des Weiteren leidet zumeist auch die technische Übungsausführung unter zunehmender Ermüdung innerhalb einer Trainingseinheit, was ebenfalls dafür spricht, dass man das Trainingsvolumen auf mehr Einheiten aufteilt.

Auch gehen wir davon aus, dass unser Sportler keine Dopingsubstanzen konsumiert und es deshalb von Vorteil sein könte, dass die Proteinsynthese mehrfach wöchentlich "angekurbelt" wird. In einer Studie von MacDougall JD et al. "The time course for elevated muscle protein synthesis following heavy resistance exercise" wurden zwölf Sätze mit sechs bis zwölf Wiederholungen Bizepscurls absolviert und anschließend die Proteinsynthese gemessen.
Nach vier Stunden war diese um 50% erhöht, nach 24 Stunden um 109% und nach 36 Stunden fast wieder auf dem Basisniveau (14%).
Der "Peak" der Muskelproteinsynthese ist also nach gut 24 Stunden. Dies zeigt, dass ein einmalig ausgeführtes Rückentraining pro Woche in dem Mesozyklus suboptimal sein könnte.

Allerdings gibt es auch Studien die längere Regenerationszeiten empfehlen. MCLester et al. (2003) präferieren mit "A series of studies--a practical protocol for testing muscular endurance recovery." 72-96 Stunden und bringen die Variable "Alter" (zunehmendes Alter würde demnach mehr Regenerationszeit bedeuten) ins Spiel. Es sei laut dieser Studie empfehlenswert die individuelle Toleranz bezüglich der Regeneration zu testen und die Variable des Alters ebenfalls zu berücksichtigen.

Die Regeneration ist grundsätzlich individuell, hängt aber auch von den Belastungsnormativa der Trainingsmethode ab (Wiederholungen in den Serien, Intensitäten, Serienzahl und Pausenzeiten). Platonov (1999) berichtet in seinem Buch "Belastung-Ermüdung-Leistung" von 12 bis 48 Stunden innerhalb der die Wiederherstellung der Resynthese der Glykogenreserven in Muskulatur und Leber abgeschlossen ist. Demnach ist ist die Synthese von Fermenten und strukturellen Eiweißen innerhalb von 12-72 Stunden wieder auf dem Ausgangsniveau.

In der Wissenschaft ist es im Allgemeinen sicher, dass ein zweimalig oder dreimalig pro Woche ausgeführtes Training pro Muskelgruppe effektiver ist, als ein einmaliges. Jedoch ist es umstritten, ob zwei oder drei Mal Training pro Woche effektiver sind. Grundsätzlich sollte immer überlegt werden, wie am meisten Trainingsvolumen angehäuft werden kann, ohne die Regeneration zu vernachlässigen. Insgesamt weisen die meisten Krafttrainingsfrequenzvergleiche von Studien keine statistische Signifikanz bei den Unterschieden, wenn die Studien "volume-matched" sind, das heißt wenn die Trainingsvolumen übereinstimmen. Deshalb macht es Sinn sich auf die Effektstärken bei den Studien zu konzentrieren.

Eine Metaanalyse von Dietmar Schmidtbleicher und Michael Fröhlich (Zusammenfassung von 75 Studien) favorisiert ebenfalls zwei bis drei Trainingseinheiten in einem Mikrozyklus im Vergleich zu einer, vier, fünf oder sechs. Dabei wurde sich auf die Effektstärken konzentriert. Während eine Trainingseinheit demnach zu einer möglicherweise zu geringen Auslenkung der Homöostase führen würde, könnte es bei vier bis sechs wöchentlichen Trainingseinheiten zu einer mangelnden Erholungsfähigkeit physiologischer Parameter kommen.

Allerdings ist die Frequenz auch kein unveränderlicher Trainingsparameter und Periodisierungsstrategien sind im Kraftsport durchaus sinnvoll, da dauerhaft hochfrequentes(und möglicherweise hochvoluminöses) Training ins Übertraining führt. Das wiederrum führt langfristig gesehen zu Verletzungen. Es gilt bei der Trainingsplanung die Parameter Intensität, Frequenz und Volumen in einen Einklang zu bringen. Alle drei Parameter lassen sich nicht ohne negative Konsequenzen langfristig gesehen in die Höhe schrauben. Insgesamt halte ich eine Frequenz von zwei bis drei mal wöchentlich pro Muskelgruppe auch aus wissenschaftlicher Sicht für sinnvoll.

Deshalb nimmt unsere Overreaching-Phase, also die Phase wo unser Sportler nicht mehr ausreichend regeniert bis das nächste Rückentraining absolviert wird, auch lediglich einen Zeitraum von einer Woche ein. Die Woche darauf stellt dann die dazugehörige "Deloadphase" ein, wo das Volumen für die Rückenmuskulatur drastisch gesenkt wird, damit der Sportler sich erholen kann. Vor diesem Mikrozyklus, wo intentional die Homöostase sehr stark aus dem Gleichgewicht gebracht wird, wird systematisch das Volumen immer mehr gesteigert (lineare Trainingsperiodisierung).

In dem Trainingsplan werden vor und nach jeder Einheit fünfminütige Dehn- und Massageübungen gemacht. Anhand von Studien kann diese Zusatzmaßnahme gerechtfertigt werden.

Edyta Lukasik et al. hatten mit ihrer Untersuchung "Comparing the effectiveness of myofascial techniques with massage in persons with upper crossed syndrome (preliminary report)" in einer zweimoatigen Therapieform zwei Gruppen miteinander verglichen. Dabei handelte es sich um zwei zufällig aufgeteilte Gruppen, bestehend aus 18 Menschen (davon sechs Männer und zwölf Frauen). Es handelte sich dabei um eine fünftägige Therapie, wo jeweils am Tag 30 Minuten , entweder myofasziale Techniken in der einen Gruppe und in der anderen Gruppe Massagen praktiziert wurden. Nach weiteren fünf Tagen Rehabilitation, kam es trotz der kurzen Therapiedauer zu Verbesserungen der zervikalen Wirbelsäulen- als auch der Brustmobilität bei beiden Gruppierungen.

Won-Sik et. al. untersuchten mit "The effect of middle and lower trapezius strength exercises and levator scapulae and upper trapezius stretching exercises in upper crossed syndrome" bei 30 Studenten inwiefern Stretching- und Krafttrainingsmaßnahmen in bezug auf die genannte Muskulatur effektiv seien. Als Anhaltspunkt wurden dabei die Hinterhalstemperatur genommen, wo es zwischen den Gruppen zu signifikanten Unterschieden kam. Die Studie kam zu dem Schluss, dass beide Maßnahmen effektiv für die Hyperkyphosis seien. Hier wird auch deutlich wieso mit dem Rudern und dem "Butterfly Reverse" bei jedem Rückentraining zwei Übungen in meinem Trainingsplan involviert sind, die den Trapez stärken sollen.

Auch Elham Hajihosseini et al. belegten mit ihrer Untersuchung "Effects of strengthening, stretching and comprehensive exercise program on the strength and range of motion of the shoulder girdle muscles in upper crossed syndrome" , dass Kraft- und Stretchingmaßnahmen positive Effekte auf Menschen mit Rundrücken haben.

Grundsätzlich werden deshalb Übungen involviert wo, die Trapezmuskulatur, Brust- und Schultermuskulatur mit der Faszienrolle massiert wird, und Dehnübungen gemacht, bei denen es vor allem um die Öffnung der Brustwirbelsäule geht. Diese Maßnahme gepaart mit den Krafttrainingsinterventionen sollten nach Ablauf des Mesozykluses zu einer besseren Beweglichkeit als auch zu sichtbaren Veränderungen der leichten funktionell bedingten Hyperkyphosis beitragen.

Anmerkung der Redaktion: Die Abbildungen 1 und 2 wurden aus urheberrechtlichen Gründen entfernt, sind aber durch den Anhang auffindbar.

Abbildung 1: Beispielshafte Übung mit Blackroll

Abbildung 2: Dehnübung – Öffnung Brustwirbelsäule

5. Trainingsplan:

Unsere lineare Trainingsperiodisierung beginnt mit einem zweiwöchigen, drei mal wöchentlich (Montag, Mittwoch, Freitag) ausgeführten Ganzkörpertraining.

Es geht darum, um mit der vergleichsweise hohen Trainingsfrequenz pro Woche (drei Mal) die Grundübungen des Kraftsports schnell technisch sauberer als zuvor auszuführen. Dies geschieht in den zwei Wochen mit Anleitung, da die Technik ein ausschlaggebender Faktor war, warum die funktionelle Hyperkyphose überhaupt entstand. Mit den Grundübungen sind das Rudern, der Latzug, die Kniebeugen, das Kreuzheben, das Bankdrücken und das Schulterdrücken gemeint. Der Sportler führt diese Übungen mit ungefähr 80% des 15-Wiederholungsmaximums aus und macht drei mal zwölf Wiederholungen pro Übung (mit dem Gewicht des 15-Mehrwiederholungsmaximum). Die Pausezeit von 1,5 Minuten reicht dann vollkommen aus, um regeneriert in den nächsten Satz zu starten, da wir uns nicht wirklich nah am Muskelversagen befinden. Wir befinden uns wirklich noch in einem Intensitätsbereich, wo es sich eher um extensives Hypertrophietraining handelt. Das Ziel ist das Erlernen der Bewegungsabläufe, insbesondere der des Bankdrückens und des Ruderns. Dies ist der Grund, warum wir vorerst mit vermehrt leichterem Gewicht und mehr Wiederholungen trainieren.

Die konzentrische als auch exzentrische Bewegungsausführung sollten möglichst kontrolliert ablaufen. Im zweiten Mikrozyklus wird ebenfalls der Ganzkörperplan drei Mal die Woche durchgeführt, allerdings machen wir pro Übung mit der gleichen Intensität wie im ersten Mirkozyklus (86% des 15-Mehrwiederholungsmaximums) drei mal dreizehn Wiederholungen. Die Pausezeit bleibt bei 1,5 Minuten.

Vor und nach jeder Einheit machen wir spezielle Dehn- und Massageübungen. Dies gilt vom ersten Mikrozyklus bis zum sechsten Mikrozyklus. Bei den Übungen geht es vor allem um die Öffnung der Brustwirbelsäule. Oft wird diesbezüglich mit der Faszienrolle gearbeitet.

Ab dem dritten Mikrozyklus reduzieren wir die wöchentliche Trainingsfrequenz pro Muskelpartie. Wir trainieren vier Mal in der Woche und davon zwei Mal den Rücken (ein Mal gepaart mit Bizeps). Den Rücken trainieren wir montags und freitags. Dienstags werden Beine, Waden und Bauch trainiert. Donnerstags gilt es dann die Brust-, Schulter- und Trizepsmuskulatur entsprechend zu trainieren.

Dadurch, dass wir der Rückenmuskulatur mehr Aufmerksamkeit widmen wollen, wird dieser frequenter und mit mehr Trainingsvolumen (Satzanzahl mal Wiederholungen mal Gewicht) als bei den anderen Muskelpartien trainiert. Grundsätzlich könnte man auch versuchen, sich überall zu steigern, allerdings kann ein Körper dabei schnell an seine Grenzen kommen, zumal eine intensive Trainingeinheit auch das zentrale Nervensystem "angreift" und auch dieses eine gewisse Regenerationskapazität benötigt.

Dementsprechend fokussieren wir uns hier nur auf die Behebung des funktionellen Rundrücken beziehungsweise des Ausgleichs der eingangs beschriebenen muskulären Dysbalance. Wir machen vier Übungen für den Rücken mit einer Intensität von 70% des Gewichts des 12-Mehrwiederholungsmaximums, das heißt acht bis neun Wiederholungen und drei Sätzen pro Übung. Die Intensitäten als auch die Satzpause von 1,5 Minuten werden auch auf die restlichen Muskelpartien stets übertragen (bis einschließlich Mikrozyklus 6), allerdings liegt, wie bereits erwähnt, dort nicht der Fokus drauf.

Die Übungen die im Rückentraining (und einmal dazu wöchentlich Bizepstraining) involviert sind, sind das Kurzhantelrudern, der Latzug, "Butterfly Reverse", das Kreuzheben und stets ein Mal wöchentlich die Kurzhantel-Bizepscurls. Diese Übungen bleiben bis zum sechsten Mikrozyklus beim Rückentraining unverändert. Grundsätzlich sollen mit dem Kurzhantelrudern und dem "Butterfly Reverse" insbesondere die Rückenmitte, das heißt der Trapezius (vor allem der untere und mittlere Anteil, Pars Ascendens und Pars Transversus), die Rhomboiden (Major/Minor) und der hintere Schulteranteil (Pars Spinalis) besonders gestärkt werden. Das Kreuzheben soll den Rückenstrecker vermehrt belasten. Wichtig ist, dass das Rudern nicht allzu eng am Körper geschieht, da sonst der Latissimus dorsi zu viel Arbeit abnimmt. Ein Winkel von 45 Grad oder sogar noch ein Stück weiter vom Körper weg, scheint diesbezüglich angemessen.

Das Gleiche wiederholen wir im vierten Mikrozyklus, allerdings machen wir einen Satz mehr beim Rudern und bei der Übung "Butterfly Reverse". Das Trainingsvolumen der anderen Muskelpartien (außer Rückenmuskulatur) versuchen wir auf dem Niveau des Muskelerhalts zu lassen, allerdings ist dies schwer definierbar und dadurch, dass unser Athlet ohnehin durch die Technikanpassung die Muskulatur beim Training besser involviert, wird er Hypertrophieeffekte erzielen. Trotzdem bedarf es bei unserem Ziel vorerst nur einer Optimierung des Rückentrainings, um dort optimale Kraft- und Hypertrophieeffekte zu erzielen. Der dritte und vierte Mikrozyklus sind also mit dem Ziel der Hypertrophie der Rückenmuskulatur bedacht. Das Trainnigsvolumen wurde also dort mit der Hinzunahme eines weiteren Satzes erhöht (zumindest für die Rückenmitte, weil diese bei der Verbesserung der Hyperkyphose eine übergeordnete Stellung einnimmt). Die Pausezeit im vierten Mikrozyklus beträgt zwei Minuten.

Im fünften Mirkozyklus unterlassen wir den einen Satz mehr in den eben genannten Übungen, jedoch steigern wir die Intensität auf ungefähr 83% des 12-Mehrwiederholungsmaximums. Das entspricht zehn Wiederholungen mit dem Gewicht des 12-Wiederholungsmaximums (wieder à drei Sätze). Der 20-jährige Mann führt hier einen sogenannten 5er-Split durch. Das heißt, dass er ab sofort drei mal wöchentlich das Rückentraining absolviert, während die Belastungsparameter der anderen Muskelgruppen unverändert bleiben.
Der Rücken wird also montags, mittwochs und freitags trainiert. Dienstags wird der Bauch, die Beine und Waden trainiert. Donnerstags wird die Brust-, Schulter- und Trizepsmuskulatur weiterhin trainiert.

Das Trainingsvolumen wird durch eine zusätzliche Trainingseinheit enorm erhöht und der Proband befindet sich im Optimalfall in der funktonalen Overreaching-Phase, das heißt die Ermüdung ist höher als die Regenerationskapazitäten unseres Sportlers. Er kommt mit der Regeneration(szeit) in Bezug auf die Rückenmuskulatur nicht mehr hinterher. Die Pausezeit wird, aufgrund der leicht erhöhten Intensität als auch der zusätzlichen Trainineinheit für die Rückenmuskulatur von zwei auf drei Minuten erhöht.
Eine ungenügende Pausezeit kann das Gesamtvolumen negativ reduzieren und unsere Ergebnisse dementsprechend manipulieren, weshalb wir auch zu dieser Intervention greifen.

Der sechste Mikrozyklus beschreibt die zum fünften Mikrozyklus entsprechende "Deloadphase". Wir orientieren uns bezüglich der Aufteilung der Trainingstage (Split) an dem dritten und vierten Mirkozyklus (2x Rücken die Woche), allerdings führen wir pro Übung nur einen Satz mit einer erhöhten Intensität von 100% und 12 Wiederholungen bis zum Muskelversagen aus. Dies machen wir, weil das neuronale System vor dem morphologischen System degeneriert. Die anderen Muskelgruppen könnten gleichbleibend trainiert werden, da mit "lediglich" einer Trainingseinheit pro Woche, ja stets sieben Tage Regenerationszeit zwischen den Einheiten liegen. Jedoch müsste man da gegebenenfalls situativ reagieren, wie erschöpft sich der Sportler fühlt. Wenn er zu erschöpft ist, sollte das Volumen für alle Muskelgruppen gesenkt werden. Die Pausezeit ist insofern nicht relevant, da nach einer Übung sowieso eine Pause mit dem Übungswechsel erfolgt.

Im sechsten Mikrozyklus sind die Regeneration des Rückens und die akkumlierte Erschöpfung zu reduzieren, die übergeordneten Ziele. Im nächsten Trainingszyklus sollte die Rückenmuskulatur stärker und nach erneuter Bestimmung des Mehrwiederholungsmaximums, in der Lage sein mehr Trainingsvolumen anzuhäufen.

Das Review von Pritchard et. Al (2015) "Effects and mechanisms of tapering in maximizing muscular strength" ist dabei eine wissenschaftliche Arbeit, welche die Effekte von "Tapering" auf die Kraft untersucht hat. Dabei kam heraus, dass ein Halten oder gar leichtes Anheben der Trainingsintensität vorteilhaft in Bezug auf das die bestmögliche muskuläre Kraft zu sein scheint. Die Arbeit bezog sich jedoch auf Wettkampfathleten. Jede Form des "Deloads", wie es im Trainingsplans genannt wurde, hat jedoch seine Vor- und Nachteile. Während ein Anheben oder Halten der Intensität bei gleichzeitigem Senken des Volumens, die eben genannten Vorteile hat, werden die Gelenke nicht derart geschont wie bei einem "Deload" wo die Intensität gesenkt wird (das Volumen jedoch etwas höher ist). Um jedoch im nächsten Mesozyklus noch mehr Volumen für Hypertrophie generieren zu können, ist es elementar die Kraft bestmöglichst zu erhalten, weshalb ich mich für diese Form des Taperings entschied.

Wichtig ist bei allen Mikrozyklen, dass wir selten beziehungsweise am besten gar nicht bis zum absoluten Muskelversagen trainieren (abgesehen vom sechsten Mikrozyklus). Dies könnte sich nämlich unter Umständen auf die Regeneration und die damit verbundene Anhäufung von effektivem Trainingsvolumen negativ auswirken (gerade bei hoher wöchentlicher Trainingsfrequenz). Wir würden durch das Trainieren bis zum Muskelversagen einfach wenig Mehrwert generieren. Am Wochenende ist bei allen Mikrozyklen keine einzige Trainingseinheit.

Dass Muskelversagen für Hypertrophie keine Bedingung ist, kann anhand einer relativ akuellen Studie von Mortelli et al. (2017) aus dem European Journal of Translational Myology belegt werden. Diese hat sich damit beschäftigt, inwieweit Muskelversagen beim Krafttraining nötig ist, wenn man das Ziel hat, Muskulatur aufzubauen. Teilnehmer waren 89 Probandinnnen, die in drei Gruppen aufgeteilt wurden und zwei Mal wöchentlich beidseitige Bizepscurls ausführten. Der Zeitraum umfasste zehn Wochen. Die erste Gruppe trainierte bis zum Muskelversagen bei drei Sätzen mit 70 Prozent des Ein-Wiederholungs-Maximums (1RM). Die zweite Gruppe trainierte mit dem gleichen Volumen wie die erste Gruppe (vier Sätze mit sieben Wiederholungen bei 70 Prozent des 1RM), jedoch nie bis zum Muskelversagen. Die dritte Vergleichsgruppe trainierte weder bei gleichem Volumen (Sätze à sieben Wiederholungen mit 70% des 1RM), noch bis zum Muskelversagen. Das Ergebnis war, dass das submaximale als auch das Training bis zum Muskelversagen signifikante Hypertrophieeffekte nach sich zog, im Gegensatz zur dritten Gruppe.

Anscheinend muss lediglich eine gewisse Reizschwelle durch Wiederholungen mit einem Gewicht, welches schwer genug ist, absolviert werden,um hypertrophische Trainingseffekte zu generieren. Dies zeigt, dass Training bis zum Muskelversagen durchaus kritisch betrachtet werden darf.

Auch wenn bereits erwähnt wurde, dass die anderen Muskelpartien bei diesem Trainingsplan eine untergeordnete Rolle spielen, so werden Vollständigkeit halber die Übungen ebenfalls genannt. An den Tagen (Mikrozyklus 3 bis 6), wo die Brust-, Schulter- und Trizepsmuskulatur trainiert wird, wird das Bankdrücken, das Schrägbankdrücken, das Seitheben, "Butterfly" an einer Maschine und das Trizepsdrücken an einem Kabelturm ausgeführt. Die Reihenfolge ergibt sich nach dem Motto "Mehrgelenksübungen vor Isolationsübungen".

Dies gilt auch beim Training der Bein-, Bauch- und Wadenmuskulatur. Hier werden Kniebeugen, der Beinstrecker und Beinbeuger, Situps mit Zusatzgewicht an einem Kabelturm (Seil) und das Wadentraining an einer Wadenpresse ausgeführt. Da der gesamte Wadenmuskel möglichst effizient belastet werden soll, wird dies mit weitestgehend gestreckten Beinen durchgeführt. Die Satzdauer wird sich im Allgemeinen je nach Wiederholungsbereich ungefähr zwischen 30 und 50 Sekunden belaufen.

Quellen

1.)   Raastad T, Kirketeig, A, Wolf, D, Paulsen G. Powerlifters improved strength and muscular adaptations to a greater extent when equal total training volume was divided into 6 compared to 3 training sessions per week (abstract). Book of abstracts, 17th annual conference of the ECSS, Brugge 4-7 July, 2012.

2.) MacDougall JD, Gibala MJ, Tarnopolsky MA, MacDonald JR, Interisano SA, Yarasheski KE. The time course for elevated muscle protein synthesis following heavy resistance exercise. Can J Appl Physiol. 1995 Dec;20(4):480-6.

3.) Phillips SM, Tipton KD, Aarsland A, Wolf SE, Wolfe RR. Mixed muscle protein synthesis and breakdown after resistance exercise in humans. Am J Physiol. 1997 Jul;273(1 Pt 1):E99-107.

4.) MCLester JR, Bishop PA, Smith J, Wyers L, Dale B, Kozusko J, Richardson M, Nevett ME, Lomax R. A series of studies--a practical protocol for testing muscular endurance recovery. J Strength Cond Res. 2003 May; 17(2): 259-73.

5.) Fröhlich M, Schmidtbleicher D, Emrich E. A comparison between two and three days of strength training per week- A meta-analytical approach. Spectrum 19 (2007) Heft 2.

6) Platanov VN. Belastung – Ermüdung – Leistung. Taschenbuch (1999).

7) Daneshmandi H, Harati J, Poor Fahim S. Bodybuilding links to Upper Cross Syndrome. Physical Activity Review vol.5, 2017.

8) Pritchard H, Keogh J, Barnes M, McGuigan M. Effects and Mechanisms of Tapering in Maximizing Muscular Strength. Strength and Conditioning Journal. 37(2):72–83, April 2015

9) Łukasik E, Targosiński P, Szymański M, Letkiewicz-Ryłów O, Styczeń P, Wychowański M.Comparing the effectiveness of myofascial techniques with massage in persons with upper crossed syndrome (preliminary report). Postępy Rehabilitacji (2), 53 – 67, 2017.

10) Bae WS, Lee HO, Shin JW, Lee KC.The effect of middle and lower trapezius strength exercises and levator scapulae and upper trapezius stretching exercises in upper crossed syndrome. Journal of Physical Therapy Science. Volume 28 (2016) Issue 5.

11) Hajihosseini E, Norasteh A, Shamsi A, Daneshmandi H., Shahheidari S. Effects of strengthening, stretching and comprehensive exercise program on the strength and range of motion of the shoulder girdle muscles in upper crossed syndrome. Medicina dello Sport 2016 March;69(1):24-40.

12) Schoenfeld BJ, Ratamess N, Peterson MD, Alvar BA. Effects of different volume-equated resistance training loading strategies on muscular adaptions in well-trained men. The Journal of Strength and Conditioning Research. 28 (10) April 2014.

Internetquellen:

1.) https://sci-fit.net/scientific-recommendations-1/

2.) https://www.fitbook.de/fitness/wie-wichtig-ist-muskelversagen-fuer-muskelaufbau

Quellen zu den Bildern:

1.) http://rollers-rückenzentrum.de/faszien-workout/

2.) https://www.ndr.de/ratgeber/gesundheit/Rundruecken-Diese-Uebungen-koennen-helfen,ruecken174.html